INTRODUCTION

A UN PLAN GÉNÉRAL

D'ADMINISTRATION CIVILE ET DE COLONISATION AGRICOLE

EN ALGÉRIE

PAR

M. COINZE, D'Altroff (Meurthe)

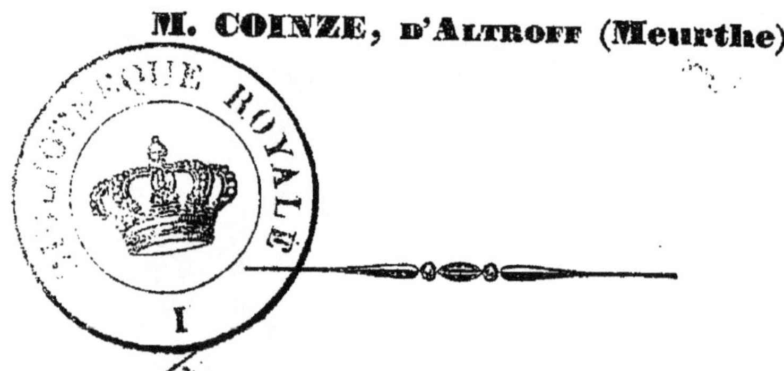

PARIS

DÉPOT GÉNÉRAL CHEZ J. FREY, IMPRIMEUR

RUE CROIX-DES-PETITS-CHAMPS, 33

1847

INTRODUCTION

A UN PLAN GÉNÉRAL

D'ADMINISTRATION CIVILE ET DE COLONISATION AGRICOLE

DE L'ALGÉRIE

———————

Un plan de colonisation de l'Algérie fait par un habitant de la Lorraine Allemande va causer de l'étonnement ; chacun va se dire : « Comment une pareille idée lui est-elle venue ? » Cette question est naturelle ; mais j'y répondrai par une autre question ? Un habitant de la Lorraine Allemande est-il libre de faire des projets ? Oui ; eh bien ! c'est par suite d'un projet que j'ai fait, que je me suis trouvé dans le cas de concevoir ce plan. Je m'explique.

Une de mes connaissances, habitant l'Algérie où elle est propriétaire, m'ayant engagé à visiter ce pays comme très-curieux, m'ayant vanté la fertilité du sol, les avantages qu'on en pourrait tirer, m'a exhorté en même temps à y prendre une concession, proposition du reste que je n'ai pas rejetée.

Il ne m'a pas fallu beaucoup de temps pour me décider affirmativement à ce sujet. Ne manquant ni de courage, ni de connaissances pratiques et théoriques de l'agriculture, ayant quelque usage des affaires, j'ai pensé que je pouvais solliciter du Gouvernement la concession d'un beau terrain propre à la création d'une ferme dont je saurais tirer bon parti. Ma détermination a donc été bientôt prise.

En la prenant, je supposais en Algérie une administration établie sur le pied français, puisqu'il y avait cour royale, tribunaux, juges de paix, notaires, huissiers, etc...

J'ai donc fait le voyage de Paris pour solliciter d'abord une concession de terrain et faire ensuite mon voyage en Algérie; mais, arrivé à Paris, quel fut mon étonnement, lorsque, ayant pris de plus amples informations, j'appris de diverses personnes qu'il ne suffisait pas d'obtenir une concession de terrain; qu'il fallait encore, arrivé en Algérie, avant l'exploitation, en recevoir délivrance; que cette délivrance ne s'obtenait guère qu'au bout d'un an, deux ans et quelquefois trois ans; que, pendant ce temps, on faisait dans le pays des dépenses en pure perte; que l'administration civile était un vrai chaos, un vrai tohu bohu; enfin, ce qui est le plus grave, que le gouverneur général désapprouvait et combattait toute colonisation civile.

On pense qu'en apprenant des faits aussi singuliers, en recevant des renseignements si peu encourageants, j'ai dû m'arrêter un peu. Pendant deux années, je me suis donc occupé de compléter mes documents, d'étudier à fond la question. J'ai lu tout ce que j'ai pu me procurer d'ouvrages traitant la question algérienne, sous tous les aspects; ouvrages écrits ou par des habitants civils ou par des habitants militaires de l'Algérie; ouvrages où l'on publiait franchement tout ce qui s'y faisait de mal, tout ce qui s'y pourrait faire de bien. J'ai lu des ouvrages parlant pour et contre la colonisation civile, et ce qui m'a surtout frappé, c'est que, sur le point fondamental d'une colonisation, tout le monde était d'accord. Possession avantageuse et bien placée sur la mer Méditerranée, en regard de la France; fertilité du sol; grandes espérances d'obtenir des produits que nous refuse le sol français; un tout fort satisfaisant, qui peut faire penser enfin qu'avec la bonne volonté du Gouvernement on en pourrait faire une seconde France, en y créant des départements.

Dans ces ouvrages, lorsqu'ils parlaient des indigènes, j'ai remarqué que ces Arabes ne sont pas aussi barbares qu'on voudrait bien le faire croire ; qu'avec de la fermeté, de la prudence, de la justice, on pourrait arriver, plutôt qu'on ne se l'imagine, à les civiliser ; j'ai conclu aussi de la lecture de ces ouvrages qu'il ne fallait pas tant s'occuper des indigènes, que s'empresser d'introduire en Algérie une population européenne, active, ouvrière et de choix.

La première chose dont il fallait s'occuper, et la première aussi dont je me suis occupé, ç'a été de trouver le moyen d'introduire en Algérie des colons honnêtes gens, en préparant un projet de colonisation.

Dans les derniers jours de la session législative de 1846, j'ai voulu présenter à la chambre mon plan de colonisation ; mais quelques députés distingués, auxquels je l'ai communiqué, m'ont fait observer qu'il était trop tard pour l'examiner à fond, pour pouvoir le présenter ; j'ai suivi néanmoins les débats de la chambre pour ce qui regardait les crédits demandés pour l'Algérie.

De ces débats, on pourrait conclure que la chambre semblait se prononcer pour la conservation de la possession, mais qu'il lui en coûtait d'accorder des crédits si lourds pour un pays dont on tirait un si triste parti; qu'on ne sait quelle mesure prendre pour y attirer une population européenne, les tentatives qu'on a faites jusqu'à présent ayant si mal tourné : au point que l'honorable M. Desjobert conseillait l'abandon de cette conquête, comme plus onéreuse que profitable.

La grande affaire est donc d'attirer en Algérie une population européenne : comment? Tous les ans, ne voit-on pas des milliers de familles traverser la France pour la quitter, et au front des chefs de ces familles, ne croirait-on pas lire écrit : « Je quitte mon pays malgré moi, mais j'en vais trouver un autre où je serai sûr d'avoir, le jour et le lendemain, du pain pour ma famille et moi, ce qui ne m'est pas assuré sur le sol de ma patrie; je le quitte pour aller en Amérique; mais en quelle partie de l'Amérique, là où les terrains sont à bon marché, dans le voisinage des sauvages. » Or, ces émigrants ont sur les lèvres un sourire d'assurance, car ils vont avoir du pain; mais, quand il va falloir donner à leurs pénates, à leur patrie bien-aimée le dernier adieu, lorsque le moment sera venu de rompre le dernier fil qui les attache à leurs affections natales, quand ils devront mettre le pied sur le vaisseau fatal, le lien qui semble les retenir résistera long-temps avant de se rompre, et leur cœur sera dé-chiré. Mais quoi! n'avons-nous pas tout près de la France une terre qui semble appeler les Européens à en faire une patrie commune, qui les y invite par les circonstances les plus favorables? Cette terre, c'est l'Algérie qui a tout : position heureuse, facile au commerce, sol fertile, situation assez rappro-chée, par le moyen de la vapeur, pour qu'elle puisse être appelée une banlieue de la France.

Certes, il est pénible de voir que d'une possession si bien placée, si fertile, présentant de telles chan-ces de prospérité, on n'ait pas su tirer meilleur parti : l'Algérie n'est véritablement jusqu'à ce jour qu'un beau diamant mal monté.

Pour arriver à faire de l'Algérie une acquisition avantageuse à la France, on doit y établir l'organi-sation de l'administration civile d'une manière com-plète, et une colonisation agricole armée.

L'une et l'autre sont indispensables : la première, pour protéger la seconde; la seconde, pour donner à la première les moyens d'existence. Toutes les deux seront soutenues par l'armée, s'occupant, au lieu de coloniser, de travaux d'utilité publique, tels que, agrandissement et restauration des ports, construction de casernes, hôpitaux, établissements pénitenciers, création et réparation de forteresses, routes, chemins, canaux, dessèchements de marais. Pour cela, l'armée sera divisée de telle manière qu'une partie fasse la police des villes; qu'une autre, en colonnes mobiles sur trois points différents, Alger, Constantine et Oran, surveille les indigènes et protége les ingénieurs chargés de faire les études des travaux à exécuter extérieurement, comme routes, chemins, lignes, etc.; qu'une autre enfin s'occupe des travaux publics.

Pendant que le civil organiserait, coloniserait, ferait des villages et de l'agriculture, la partie de l'armée chargée des travaux extérieurs le protégerait, tout en travaillant dans les environs aux moyens de communication d'une commune à l'autre. Par là, tout marcherait ensemble, et chacun ferait son métier.

Cet ensemble doit inspirer de la confiance, donner de la sécurité aux colons et aux concessionnaires, et en attirer de nouveaux.

Cette grande mesure d'organisation et de colonisation fera sortir de la tête des indigènes l'idée que la France pourra quelque jour abandonner l'Algérie.

Abd-el-Kader sait bien ce qu'il fait en les berçant de cet espoir.

Par les mesures de justice, de prudence et de sûreté pour l'exécution de ce plan, les indigènes, qui ne sont pas si stupides qu'on voudrait les faire, verront que s'ils ne s'exécutent pas de bonne volonté, la force saura bien les contraindre.

Si l'on organise par la force, dans les localités où l'on sera obligé de l'employer, il faudra employer dès le début le grand moyen, c'est-à-dire là où il faudra dix hommes en envoyer vingt, cinquante, etc., et bientôt cela aura du retentissement.

En aucune circonstance, on ne devra prendre de demi-mesure, pour que nous n'ayons nulle part à éprouver le moindre échec ; on devra déployer de la force, de l'énergie, de la promptitude : tout dépend du commencement. Mais, avant tout, c'est de l'équité qu'il faut ; c'est sur ces maximes qu'il faut se régler : « Ne fais pas aux autres ce que tu ne voudrais pas qu'on te fît à toi-même ; fais aux autres ce que tu voudrais qu'on te fît. »

En combinant l'énergie et la douceur, on viendra à bout des indigènes. Ils arrivent d'aujourd'hui seulement à la civilisation ; il faut les traiter en enfants.

Peut-on leur accorder ce qu'ils demandent, accordons de suite ; ne le peut-on ou ne le veut-on pas, refusons inexorablement. On réussit à rendre docile un lion, un tigre même : comment ne pourrait-on pas civiliser un Arabe, si l'on s'y prend bien ? Je ne veux pas dire qu'il faille suivre un plan de civilisation, non ; nous les laisserons agir d'abord à leur manière. Voisins des Européens, voyant ce qu'ils font de bien, ils ne tarderont guère à chercher à les imiter.

Pour arriver à organiser, à coloniser sérieusement, nous devons faire ce raisonnement sur l'ordre de choses actuel :

Ou l'Algérie appartient à la France, ou elle ne lui appartient pas ;

Ou elle est avantageuse, ou elle ne l'est pas ;

Ou la France veut la conserver, ou elle ne le veut pas ;

Ou elle peut la conserver, ou elle ne le peut pas.

Dans l'affirmative, faisons de suite tout ce qui est indispensable pour en tirer un parti avantageux.

Dans la négative, abandonnons de suite l'Algérie,

sans y perdre désormais plus d'hommes, plus d'argent, plus de temps.

Dans l'affirmative, il reste un problème à résoudre dans la position où sont restées les choses jusqu'à présent :

Ou l'Algérie appartient à la France, ou la France appartient à l'Algérie; ou autrement, l'Algérie appartient-elle à l'armée ou appartient-elle à la France? Nécessairement, si l'armée appartient à la France, les deux lui appartiennent; mais l'état présent des choses laisse le problème à résoudre.

Si l'Algérie appartient à la France, c'est à la France à lui donner la loi; qui doit donner la loi? Le Gouvernement. Qu'est-ce que le Gouvernement? Le roi, les chambres, le conseil du roi et l'administration.

Si le Gouvernement doit donner la loi, le ministre de la guerre est-il à lui seul le Gouvernement? Les autres ministres ne font-ils pas comme lui partie du conseil? A ce titre, ne doivent-ils pas, comme le ministre de la guerre, coopérer aux affaires administratives de l'Algérie, chacun pour ce qui regarde son département. Certes, ceci est dans l'ordre des choses, le bon sens le veut.

L'Algérie, bien posée comme elle l'est en regard de la France, devenue, comme la Corse, banlieue de la France au moyen de la vapeur, ne doit pas être administrée par des lois exceptionnelles; elle doit être assimilée à la France; elle doit jouir des mêmes lois, des mêmes règlements et ne faire qu'un avec elle.

Le bon sens nous dit que, si l'Algérie veut se gouverner elle-même par des lois d'exception, sous la direction d'un gouverneur général, sous les ordres des ministres de la guerre et de la marine, elle doit se suffire à elle-même; elle doit, non-seulement pouvoir se passer de l'argent de la France, mais de plus lui verser tous les ans un certain tribut à titre de fermage; car nous ne devons pas avoir une propriété sans aucun rapport. Enfin, elle doit rendre les 1200 à 1400 millions qui lui ont été prêtés pour frais d'établissement, comme font beaucoup de fermiers vis-à-vis de leurs propriétaires.

Si l'on veut imiter les Romains dans leur manière d'administrer, il faut d'abord avoir obtenu des résultats conformes à ceux qu'ils obtenaient de leurs colonies. L'histoire nous apprend que l'Afrique était le grenier de Rome; l'Algérie est-elle le grenier de la France? Bien loin de là, la France est obligée d'être celui de l'Algérie.

On veut imiter Napoléon. Eh bien! qu'on l'imite donc en tout! Napoléon et son armée se sont suffi à eux-mêmes en Égypte; en Italie, Bonaparte avec une armée dénuée, sans habits, sans souliers, manquant d'argent et de vivres, a pu conquérir vêtements, vivres, argent, et a trouvé moyen d'envoyer des trésors à la France. Quel blé, quel argent l'Algérie a-t-elle envoyés en France? Comptons plutôt tout ce qui de France est parti pour l'Algérie.

On conçoit que la France est la mère et l'Algérie l'enfant; il est naturel que la mère aide son enfant. Mais, si l'enfant ne sait pas faire usage des libéralités de sa mère; si la mère, par ses trop grandes largesses, l'enfant, par sa mauvaise administration, s'exposent tous deux à leur ruine, la mère doit dire : « Mon enfant, rentrez sous l'autorité maternelle, j'administrerai pour deux. »

Les hautes connaissances de l'illustre maréchal Bugeaud, soit dans l'art militaire, soit dans l'art agricole, peuvent lui faire appliquer avec justesse le surnom de *Cincinnatus français;* mais M. le maréchal veut trop mettre à contribution ces deux genres de connaissances; il tient trop à tout faire par lui-même. Qu'il nous permette de lui appliquer ce proverbe qu'il oublie : « Qui court deux lièvres à la fois n'en prend point. »

Je ne fais pas de doute que, si M. le maréchal ne s'était occupé que de son armée, que de poursuivre l'ennemi, nous n'aurions pas si longtemps attendu la soumission de Bou-Maza, Ab-el-Kader et ses partisans seraient en nos mains, et le calme aurait été rétabli en Algérie.

Je ne fais pas de doute non plus que, si M. le maréchal avait renoncé à la direction de cette guerre, pour prendre la direction générale d'une administration civile sur le pied français, et fonder la colonisation agricole de l'Algérie, je ne fais pas de doute que cette possession pourrait aujourd'hui non-seulement se suffire à elle-même, mais encore commencer à rembourser l'emprunt qu'elle a fait.

Si Cincinnatus, si un des grands généraux romains eût été à la place du gouverneur de l'Algérie depuis 1830, il y aurait de suite établi une administration civile sur les bases de celle de la métropole ; il y aurait introduit une colonisation européenne ; il y aurait placé de bons cultivateurs sur des fermes-modèles, pour servir d'exemple à tous les habitants, indigènes ou colons ; il aurait placé à la tête des administrations des hommes capables que lui-même eût aidés de ses conseils.

Il aurait utilisé son armée : pour que ses légions

ne restassent pas dans l'oisiveté, il les aurait divi-
sées en plusieurs parties : l'une, pour les construc-
tions de l'intérieur des villes et des ports; l'autre,
pour les travaux extérieurs, comme chemins, canaux, dessèchements de marais, pour aider et ap-
puyer la colonisation, pour créer des moyens de
communication d'une ville ou d'un village à l'autre,
pour établir les grandes voies entre les différentes
provinces dans toute la longueur, dans toute la largeur de l'Algérie, au fur et à mesure que l'Algérie
se colonisait du nord au sud; une troisième partie
aurait tenu garnison dans l'intérieur des villes, pour
la police et la sûreté, tout en suivant exactement les
écoles régimentaires où on leur eût enseigné l'agriculture et tout ce qui est nécessaire pour former ce
que nous appelons des contre-maîtres dans les fermes-modèles et autres employés utiles en Algérie;
une quatrième partie enfin serait restée pour tenir
l'œil à l'extérieur sur l'ennemi, et pour aider, pour
protéger les études des grands travaux extérieurs.

Cincinnatus aurait, par son armée, exécuté de
grands travaux d'utilité publique comme en avaient
l'habitude les Romains, travaux solidement établis,
pouvant durer vingt siècles comme ceux que nous
retrouvons aujourd'hui construits de leur main.
L'armée, sous un tel chef, ne se fût employée qu'à
des travaux utiles à la prospérité du pays; pendant

que l'administration civile se fût occupée de profiter
de la belle position, de la fertilité du sol de l'Algérie pour faire fleurir le commerce et l'industrie.

Cincinnatus, sachant que le peuple de son pays
connaissait mieux l'agriculture que le peuple conquis, aurait voulu que les Européens en donnassent
la preuve aux indigènes; il n'aurait pas cru que les
Européens ne pouvaient pas entrer en concurrence
avec les indigènes pour la vente du blé et de l'orge,
quand bien même ces indigènes eussent été plus
sobres que les Européens : car il aurait su que, si
le produit des indigènes est de 8 pour 1, celui des
Européens est ou doit être de 20 pour 1 ; que, si les
indigènes emploient pour leur consommation 4 et
les Européens 8, ou le double, les indigènes ont 4
et les Européens 12 au moins à vendre. Bref, il
aurait bien reconnu que les indigènes ne savent pas
cultiver; que, s'ils obtiennent une récolte, elle est
due à la richesse du sol et non à leur bonne culture;
qu'enfin les Européens savent cultiver bien partout,
pour peu qu'ils mettent à contribution leur savoir-
faire.

Cincinnatus, arrivant dans ce siècle-ci, n'aurait
pas agi comme il l'eût fait de son temps. Autres
temps, autres mœurs. Il aurait certainement fait
suivre aux vaincus la loi du vainqueur, c'est-à-dire

que, fidèle lui-même aux lois de la métropole, il les aurait imposées au peuple conquis; mais il lui eût laissé la liberté de suivre son culte, pourvu qu'il n'eût rien eu de contraire aux lois alors en vigueur. Les mêmes lois d'administration et d'imposition auraient été promulguées pour tous. Ce général civilisateur aurait laissé des propriétés aux indigènes comme il en aurait donné aux Européens; il aurait créé des villages européens dans les parties couvertes de villages indigènes, dans le but de les mettre en contact; du reste, il aurait laissé les indigènes libres de cultiver comme ils l'auraient voulu. Plus tard, par imitation, témoins du résultat plus large obtenu par les Européens, ils eussent fait comme eux.

Cincinnatus, enfin, aurait été juste, mais sévère envers les vaincus. « Vous aurez, leur eût-il dit, les mêmes lois, les mêmes avantages que les Européens, mais vous serez soumis aussi aux conséquences, à la sévérité de ces lois. »

Aussitôt, et au fur et à mesure que les tribus voisines auraient été vaincues et soumises, il les aurait désarmées. Par là, si l'ennemi les eût voulu exciter à la révolte, il eût été obligé de leur fournir de nouvelles armes; armes que l'on eût reprises après une seconde victoire, punissant toujours inexorablement les indigènes qui ont pris la première part à la révolte. A la longue, et plutôt qu'on ne croit, l'ennemi agitateur et l'ennemi entraîné se seraient fatigués; et le résultat de cette fatigue, ç'aurait été une résignation complète.

La colonisation doit nécessairement commencer par le littoral sur trois points : 1° Bone et Constantine; 2° Alger et la Mitidja; 3° Oran; en marchant toujours du nord au sud, mais s'étendant de l'est à l'ouest, pour lier le tout dans la longueur; en prenant pour point central du Gouvernement, Alger, capitale, comme cela existe déjà. Les routes et chemins de communication dans toute la colonie doivent être créés et fonctionner en même temps que la colonisation.

Si les routes et chemins doivent relier les villes et villages de l'est à l'ouest, ils doivent mener aussi à un point de débouché, c'est-à-dire aux villes marchandes, aux ports, pour qu'on puisse écouler facilement les produits agricoles, pour qu'on fasse parvenir sans peine les bois de construction venus de l'étranger aux ports, et des ports aux centres de population auxquels ils sont destinés.

Il ne suffit pas de recommander l'établissement d'administrations, il faut indiquer aussi les moyens d'y arriver. Tout administrateur doit connaître ce qui est de son ressort, savoir les localités soumises à son administration ; de même les administrés doivent connaître leurs administrateurs, autrement les uns et les autres seraient dans l'embarras ; autrement les administrateurs ne sauraient pas s'ils sont compétents , et leurs administrés ne sauraient de leur côté à qui s'adresser.

Pour cela, il faut établir une ligne fixe pour la zone que l'on veut de suite organiser et coloniser, prenant le temps nécessaire pour compléter l'organisation et la colonisation, avant de s'occuper d'une autre zone.

Il faut diviser cette zone en plusieurs ressorts ou centres d'administration, lesquels seront à leur tour subdivisés, d'après les divisions françaises, en départements, arrondissements et cantons.

Pour que les départements aient une certaine étendue, une certaine importance, on donnera à la zone colonisable de suite 25 lieues de 5 kilomètres de largeur sur toute la longueur, qui est de 100 myriamètres ou 200 lieues de 5 kilomètres.

On la divisera en 10 départements par des lignes allant du nord au sud : par là, les départements auront en longueur 12 myriamètres et demi ou 25 lieues, et 10 myriamètres de largeur ou 20 lieues.

Chaque département sera partagé en croix par deux lignes, l'une allant du nord au sud, l'autre de l'est à l'ouest.

Chaque arrondissement sera divisé de la même manière, pour faire quatre cantons.

On croit peut-être que cette division, faisant 10 préfectures, 40 sous-préfectures et 160 cantons, on va être obligé de créer un personnel administratif civil et judiciaire nombreux en conséquence. Nous ne pensons pas ainsi : nous voulons de l'ordre et de l'économie; non un chaos et une dépense malentendue.

Ces dix départements porteront 10 numéros, en commençant par l'est de 1 à 10, et, en attendant que la population soit plus forte en Algérie, on créera trois centres d'administration, indépendants l'un de l'autre, à deux exceptions près; mais tous trois dépendant, dans leur hiérarchie, du gouvernement de la métropole.

On fera donc trois ressorts, savoir : ressort de l'est, chef-lieu, Constantine, réunissant les numéros 1, 2 et 3; ressort du centre, chef-lieu, Alger, réunissant les numéros 4, 5, 6 et 7.; ressort de l'ouest, chef-lieu, Oran, réunissant les numéros 8, 9 et 10.

Ainsi, un préfet à Alger pour quatre départements; un à Constantine, un à Oran, chacun pour trois départements.

Une seule cour royale pour toute l'Algérie; et, plus tard, une à Constantine et une à Oran. Dans chacun de ces ressorts, un tribunal de première instance, et un tribunal de commerce. Des tribunaux de paix dans tous les cantons où la population assez importante en nécessitera les frais.

Dans chaque centre d'administration civile ou judiciaire, on devra prévoir le cas d'une séparation plus ou moins éloignée de chaque département, arrondissement et canton. On établira donc des registres et répertoires pour chaque localité séparément, ainsi que des liasses, des titres; en sorte que, le moment d'une séparation arrivé, on n'ait plus qu'à remettre à chaque partie ce qui lui revient, sans autre travail.

Ces trois ressorts, néanmoins, dépendront d'un directeur général, premier fonctionnaire de l'Algérie, intermédiaire obligé entre les chefs des diverses administrations et les ministères dont ils dépendent;

le directeur général, pour concentrer l'administration, devant recevoir toutes les missions des ministres aux chefs des administrations diverses, et celles de ces chefs aux ministres, avec le droit d'y ajouter ses observations avant de les transmettre à qui de droit.

De plus, on établira trois divisions militaires : une à Alger, capitale; une à Constantine et la troisième à Oran; enfin, un général en chef à Alger, pour y concentrer le pouvoir militaire.

On comprend qu'en cas d'événement grave, comme trouble intérieur, guerre, isolement, la situation pourrait être difficile par la rivalité du pouvoir entre le chef militaire et le directeur général, et cette lutte devenir nuisible au pays. Je proposerais, pour obvier à cet inconvénient, une vice-royauté confiée à l'un de nos princes. Il faudrait alors nécessairement que toute rivalité disparût.

On comprend encore que ceci est dans l'intérêt de l'Algérie et de la sécurité; car on doit penser que si, d'un côté, le Gouvernement doit songer aux intérêts d'une partie de ses États, il ne peut oublier que l'un des membres de la famille royale est là en danger : on songera sérieusement à défendre le chef et les habitants de la vice-royauté.

Plusieurs membres distingués de la Chambre des députés ont parlé d'établir un ministère spécial pour l'Algérie, alléguant que le ministère de la guerre a déjà assez de besogne sans se charger d'une autre d'une aussi grande importance; que les affaires de son département ou celles de l'Algérie peuvent en souffrir; qu'un ministère spécial, ne s'occupant que de l'Algérie, remplirait mieux sa tâche. Je crois en effet qu'il y aurait avantage sous ce dernier point de vue; mais l'Algérie aurait toujours à souffrir en cela, que le ministère ne serait pas sur les lieux pour surveiller de près l'administration; que le ministre spécial de l'Algérie, n'étant pas un ministre général qui pût connaître de toutes les branches d'administration, ne pourrait qu'apporter du retard dans le rouage administratif, obligé qu'il serait d'adresser à chaque ministre spécial, pour qu'il en jugeât, les affaires qui le concerneraient; que, dans ce cas, il ne ferait que remplir les fonctions de directeur général de l'Algérie, tâche qu'il ne pourrait jamais remplir en toute connaissance de cause comme le directeur général qui serait sur les lieux, qui verrait et entendrait par lui-même, qui aurait un intérêt d'amour-propre à satisfaire en administrant bien, qui, enfin, ne pourrait rejeter sur un autre, sur un absent par exemple, une faute qu'il aurait lui-même commise par manque de zèle ou de surveillance.

Je prévois qu'on va crier contre la dépense de cette vice-royauté à établir ; mais qu'on ne se plaigne pas avant d'être frappé. En pensant à un vice-roi, on a pensé aussi à lui créer une liste civile ; et, dès lors que la France n'a pas à y contribuer, elle n'a pas le droit de se plaindre, surtout la mesure étant utile.

On verra dans le plan général, au chapitre de la division, de la réserve des propriétés, ce que l'on propose relativement à la liste civile. L'esprit de ce plan est l'ordre et l'économie ; s'il n'est pas goûté, ce ne sera pas faute de bonne intention de la part de celui qui l'a tracé ; ce ne sera pas faute d'avoir étudié la question.

Avant de partager l'Algérie, d'en disposer, il est bon d'en établir l'origine ou la mouvance ; il est bon de reconnaître si la propriété nous en est dévolue, si l'on peut légitimement nous la contester.

La plus ancienne façon d'acquérir une propriété immobilière, c'est sans contredit l'invasion.

Si nous en croyons l'histoire sainte, Adam et Ève, chassés du paradis terrestre ou de l'Éden, ont dû chercher un autre séjour ; ils sont donc allés envahir une autre terre ; c'est là la première manière d'acquérir, l'invasion.

Après le déluge, quand Noé, ses fils et leurs femmes sont sortis de l'arche, ils ont pris le pays qui leur a le mieux convenu : même manière d'acquérir, l'invasion.

Séparés parce qu'ils ne s'accordaient plus, les fils de Noé ont cherché de nouvelles terres : même manière d'acquérir, l'invasion.

Plus tard, des difficultés étant survenues entre leurs descendants sur la possession de propriétés contestées, alors probablement les conseils des anciens se sont réunis et ont établi des règles sur la manière d'acquérir et de conserver les propriétés, soit par une longue possession non contestée, soit par partage, héritage, vente, échange, etc.

Sont venus ensuite les sages de la Grèce qui ont écrit des lois que sont venus plus tard étudier les Romains : ceux-ci en ont promulgué à leur tour. Et nous, Français, aujourd'hui encore, c'est sur ces lois romaines que nous nous basons pour formuler les nôtres.

D'après les lois françaises, nous considérons la première manière d'acquérir des anciens comme la dernière, en en changeant le nom : c'est la *prescription trentenaire*, c'est-à-dire la possession d'un terrain non contestée et continue pendant trente ans.

Certes, si un homme s'empare d'un terrain qui semble abandonné, s'il le cultive, s'il l'améliore, s'il en jouit paisiblement, avec continuité et sans conteste pendant trente années, il est de toute justice qu'il en devienne propriétaire incontestable. C'est ainsi qu'en ont jugé les législateurs du Code civil.

Les Arabes, les indigènes de l'Algérie, en ont paisiblement pris possession de cette manière, par l'invasion. Mais ils n'ont pas su en jouir paisiblement ; ils n'ont pas voulu se contenter de la tranquille possession de l'Algérie ; ils ont voulu vivre sans travailler, 'en ravissant le fruit du travail des autres peuples leurs voisins, en faisant le métier de pirates.

Aussi y en a-t-il bien peu parmi eux qui aient conservé paisiblement une propriété, en la cultivant, en l'améliorant, en en jouissant enfin sans interruption pendant trente ans.

On conçoit que s'emparer de tous les terrains, en prendre momentanément possession, échanger le premier contre un second, c'était vouloir la propriété du tout, sans jouir paisiblement, incontestablement, continuellement pendant trente années, d'aucune partie. Ce n'était plus être dans le cas de la prescription trentenaire.

Mais, sans s'arrêter sur le plus ou moins de droit des indigènes à la possession de l'Algérie, en les reconnaissant propriétaires du pays, il s'agit de régler le différend élevé entre l'Algérie et la France. Quelle est leur position respective ?

Depuis que les indigènes habitent le pays que nous nommons Algérie, ils ne l'ont jamais considéré comme un sol qui dût leur donner des moyens d'existence, soit par la culture, soit par l'industrie ou enfin par tout autre moyen honnête, comme font les autres peuples. Ils en ont fait un repaire de brigands. Placés sur les bords de la mer, au lieu de commettre leurs crimes sur terre, ils ont exercé leur coupable industrie sur mer, et, avec raison, on leur a donné le nom de pirates, d'écumeurs de mer. Quand leur rapacité ne se trouvait pas assouvie sur les eaux, ils avaient l'audace de débarquer et d'attaquer les populations paisibles du littoral jusque dans leurs maisons : ils ne respectaient rien.

Depuis un temps immémorial, ils ont exercé la piraterie ; ils ont rendu la mer plus dangereuse par leurs chasses qu'elle ne l'est par la lutte des éléments. De temps en temps, des peuples énergiques en ont fait bonne justice. Pompée et ses Romains ont détruit des pirates ; dans des temps plus modernes, on

les a, pour un certain intervalle, réduits à l'impuissance ; mais, bientôt, revenant à leur vieille habitude, ils recommençaient leurs ravages ; de
grands monarques ont fait encore quelques tentatives pour les réduire.

Enfin, en 1830, un général habile, d'intrépides
soldats ont fait en quelques jours ce qu'on n'avait
pu réussir à faire pendant des siècles.

Le chef de ces pirates a reconnu son impuissance et
s'est soumis, il a quitté le pays ; mais le peuple ne
s'est pas reconnu vaincu, il a voulu lutter et nous
a fait bien du mal. Aujourd'hui, enfin, il reconnaît
que contre la force il n'y a rien à faire ; il va être
obligé de se résigner, bien à contre-cœur.

Aujourd'hui, en quelle position sont les indigènes
vis-à-vis des Français leurs vainqueurs ? Dans la
position d'un homme qui a perdu un procès dont
il doit payer tous les frais.

Si les indigènes, après le départ de leur souverain qui a soutenu le commencement de la lutte,
s'étaient soumis, les frais restaient à la charge du
souverain disparu ; mais, ayant, lui parti, fait eux-
mêmes acte de souveraineté en luttant de nouveau
avec les vainqueurs, et venant à succomber, ils doi-

vent subir les conséquences de leur défaite et en supporter les frais.

Or, ne pouvant payer ces frais, le sol en répond pour eux ; c'est ici le cas d'expropriation. Les formalités sont la guerre, la mise en possession est la force.

Le vainqueur, par l'emploi de la force, est entré en possession ; l'État devient propriétaire du sol par le droit de la guerre ; et, en fait de possession de propriété par le droit de la guerre, en est-il une plus légitimement acquise que celle de l'Algérie? Qu'ont à dire à cela les Anglais ou tout autre peuple? Les Français peuvent donc désormais jouir paisiblement de l'Algérie, sans craindre de blesser leur conscience, si timorée qu'elle puisse être.

Mais les Français sont généreux, mais les Français sont humains ; ils suivront la maxime sublime de leur religion, ils feront aux vaincus ce qu'ils auraient voulu qu'on leur fît à eux-mêmes ; ils partageront avec les indigènes, ils leur laisseront autant de terre qu'il leur en faudra pour faire ce qu'eux-mêmes veulent faire ; ils leur apprendront même à en tirer meilleur parti qu'auparavant ; ils leur montreront à vivre paisiblement, dans la tranquillité, dans la paix.

Les Français leur laisseront la liberté de leur culte, leurs habitudes, en tant que tout cela ne sera pas contraire aux lois du vainqueur.

Ils leur offriront les avantages dont ils jouissent eux-mêmes, mais aux mêmes conditions de capacité et de moralité, pour arriver aux emplois, aux grades, aux honneurs.

L'État, étant propriétaire de tout le sol de l'Algérie, en doit disposer avec discernement, dans la prévision de l'avenir. Il doit le partager avec ordre. Or, il peut faire aujourd'hui ce qui plus tard ne sera plus possible.

On a mal commencé en faisant les premières concessions; on les a accordées sans aucune prévoyance: aussi en sent-on déjà l'inconvénient; aussi de nombreuses ordonnances, notamment celle du 21 juillet 1846, ont-elles été nécessaires. On eût pu éviter l'embarras en agissant plus sagement dès l'abord.

Mais, enfin, le mal est consommé jusqu'à un certain point. Il faut donc chercher à ne pas le continuer et à ne pas l'accroître. En fait d'ordre, il vaut mieux tard que jamais. On peut encore aujourd'hui remédier, en un certain sens, à ce qui est fait.

On a jusqu'à ce jour accordé les concessions assez

à la légère ; on a, d'autre part, administré par voie d'exception, sans prendre pour bases les lois de la métropole ; tout a été traité militairement. Les militaires ne connaissent que le code militaire ; ils sont peu familiarisés avec les lois sur la propriété, avec les lois et règlements administratifs et civils : ils ont donc tranché la question à coups de sabre, comme Alexandre avait tranché le nœud gordien.

Voici ce qu'aujourd'hui l'État a à faire avant d'aller plus loin : il doit se réserver les propriétés qui lui sont nécessaires ; et si, d'après le plan des travaux qu'on veut exécuter, quelques propriétés font obstacle, il doit de suite exproprier pour cause d'utilité publique, sans permettre désormais un seul travail avant que le plan soit définitivement arrêté.

Il doit, autant que possible, indemniser quand le dommage est en nature, par des propriétés offrant le même avantage, soit sous le rapport de l'agrément, soit sous le rapport de l'industrie, dans les villes et villages ou dans les terrains ruraux.

Les propriétés qui lui sont nécessaires sont :

Les terrains indispensables à l'agrandissement des ports ; à la construction des fortifications, des édifices publics, des places ; à l'établissement des

rues, des routes, des chemins, des promenades, des
boulevards, des champs de foire, des marchés, abat-
toirs, pépinières, jardins botaniques, cimetières
pour les différents cultes, champs de gymnase,
champs de Mars, non-seulement sur terrains plats,
mais encore dans les lieux accidentés pour les camps
et simulacres de guerre, etc., etc.

Ces plans doivent être bien arrêtés ; on doit les
faire connaître non pas seulement sur le papier,
mais sur les terrains mêmes, en tirant des lignes,
en disposant les passages comme si les construc-
tions étaient déjà faites. Rien n'empêcherait du
reste, en attendant les travaux, de louer ces terrains
au plus offrant, pour être utilisés en jardinages.

On doit se faire une règle de songer d'avance à
tout ce qui peut être utile dans chaque localité et
réserver les terrains, qui, comme je l'ai dit, peuvent être utilisés en attendant.

L'État doit encore se réserver des propriétés ru-
rales comme biens domaniaux, pour la liste civile,
pour les départements, pour les arrondissements,
les cantons, les écoles d'agriculture, forestières, de
botanique, pour les haras, enfin.

J'indiquerai les modes d'exploitation de ces biens
dans le plan détaillé de colonisation, la manière

économique de la mettre en bon état de rapport et les avantages qui en résulteront.

Ces domaines doivent être pris dans toutes les parties de l'Algérie, sans s'inquiéter des accidents de terrains. Tout peut être utilisé, si mauvais que soit le terrain : montagnes arides, plateaux, rochers, ravins, accidents de tout genre, marais, etc., etc. Il ne faut là que de la bonne volonté. Quand on aura vu exécuter en petit, quand on aura fait expérience dans chaque position, on verra que tout cela n'est pas si difficile ni si coûteux qu'on se l'imagine.

Que de terrains, en France, perdus mal à propos ! J'espère bien, du reste, que ma nouvelle *théorie pratique* fera justice de toutes ces non-valeurs : la bonne volonté suffit. La chose est simple et facile à comprendre comme à exécuter ; l'important pour la réussite est de faire peu et bien.

Peu et bien, voilà les premiers mots, voilà les derniers mots que j'eusse voulu mettre à chaque page de mon mémoire sur l'amélioration de l'agriculture.

Réserver des propriétés à l'État ne suffit pas ; il faut qu'on sache en quoi consistent la propriété publique et la propriété privée. Beaucoup de propriétés ont été transmises d'une manière irrégulière ; il faut régler les droits des parties ; car les possesseurs sont propriétaires ou ne le sont pas. S'ils sont propriétaires, il faut régulariser leurs titres et les rendre propriétaires incommutables, il faut asseoir sur leurs biens les contributions foncières ; s'ils ne sont pas propriétaires, il faut les évincer, les déposséder, ou bien leur concéder ces terrains aux conditions que la loi à intervenir dictera. Inutile de dire qu'en ce dernier cas il faut se montrer généreux.

Régler les indemnités à accorder en cas d'expropriation pour cause d'utilité publique, juger en âme et conscience de la validité des titres de propriété, titres établis en l'absence de lois conformes à celles de la métropole, tout cela rentre dans les attributions d'un jury ayant à formuler son verdict devant un tribunal *ad hoc* en forme de cour d'assises, siégeant dans les trois centres d'administration, à Alger, à Constantine, à Oran.

Pour former la liste des jurés, on doit se baser sur le bon sens, sur la loi de la métropole, c'est-à-dire mettre sur cette liste tous les habitants de l'Algérie qui, par leur position sociale, jouissent d'une certaine aisance et d'une certaine indépendance.

Ainsi, sur l'appel fait aux habitants de l'Algérie dans la zone à coloniser de suite, sur l'état de leurs biens, sur leur genre d'industrie, sur leur position sociale enfin, les préfets d'Alger, de Constantine et d'Oran feraient une liste de ceux qui doivent être jurés, dépendant des départements qui forment leur ressort.

On procèderait comme il sera dit au plan général d'organisation sur cette matière. Le gouvernement nommerait trois tribunaux spéciaux, et les jurés désignés par le sort viendraient y délibérer comme en cour d'assises.

Toutes ces formalités remplies, on connaîtrait les propriétaires incommutables ; on pourrait dès lors faire une liste définitive des électeurs et des jurés appelés à exercer leurs droits dans les cas ordinaires; dès lors auraient lieu les élections des conseils municipaux, de la garde nationale, des conseils d'arrondissement, du conseil général et de la députation.

Les autorités nécessaires établies pour toutes les administrations sur le pied des lois et règlements de la métropole, tout serait désormais dans son état normal.

Reste donc à attirer des colons européens. Le nouvel état de choses promettrait, sous le rapport administratif, un avenir qui inspirerait de la confiance; mais cela ne suffirait pas encore. Pour obtenir un prompt succès, il faut bien commencer.

On devra donc établir un ordre de colonisation agricole qui fasse espérer à des parents laissant partir leurs enfants pour l'Algérie une position favorable qui leur permette de remplir leurs devoirs religieux (1); d'exercer leur industrie avec sécurité; de trouver en arrivant tout ce qu'il leur faut; de

(1) Je dis que les parents tiennent à avoir l'assurance que leurs enfants suivront et pourront suivre leurs devoirs religieux, qu'ils soient catholiques ou protestants. J'appuie là-dessus fortement. Je sais bien que, dans l'intérieur, dans certaines portions de la France, on n'y tiendra pas; mais ce n'est pas là non plus qu'on trouvera les meilleurs agriculteurs, les meilleurs éleveurs de bestiaux. Dans la partie allemande de la France, dans l'Allemagne, on est plus religieux, on est plus paisible, on a les goûts plus modestes; là aussi on est meilleur agriculteur, meilleur éleveur de bestiaux. Je ne veux pas dire que c'est l'observance d'une religion qui fait le bon cultivateur; mais, puisque les agriculteurs et éleveurs sont des hommes religieux, puisqu'ils sont plus modestes dans leurs goûts, plus paisibles, plus sédentaires, toutes conditions favorables pour bien suivre un train de culture, le maintenir en bon état et même l'améliorer, il faut faire ce qui est indispensable pour y attirer cette classe précieuse de citoyens.

D'autre part, de vrais observateurs qui ont habité l'Algérie ont dit maintes fois que l'Européen y affichait l'irréligion, à ce point que l'Arabe lui-même en était scandalisé. Ce mépris religieux a servi de texte aux discours d'Abd-el-Kader, qui exhorte les tribus à la révolte en leur répétant : « Les Français vous ont promis la garantie de votre religion; mais comment pouvez-vous compter sur ces paroles mensongères? Eux-mêmes ne suivent pas, ne respectent pas la leur, qu'ils prétendent meilleure que la nôtre; comment peuvent-ils respecter celle de Mahomet? » Ces hommes, que nous disons barbares, trouvent donc indispensable de suivre une religion; tous les peuples de la terre suivent la leur; pourquoi les Français refuseraient-ils de pratiquer celle qu'ils ont reçue? La sagesse, la politique la plus naïve le demande.

suivre la culture sans tâtonnements, de manière à se procurer les choses nécessaires à la vie et au bien-être.

Il faut attirer dans la colonie de bons sujets, de bons ouvriers, capables de bien faire sous la sage direction d'honnêtes fonctionnaires ayant toutes les capacités requises pour remplir leurs charges avec honneur et probité.

Il faut que ces colonisations se fassent par l'agglomération d'un certain nombre d'ouvriers armés qui puissent se défendre au besoin; c'est une première sécurité pour eux-mêmes.

Dans les premières années, ces ouvriers ne doivent pas avoir l'embarras d'une femme et d'enfants; ils ne doivent s'en charger qu'après s'être créé des logements pour eux et pour leur famille.

Ces ouvriers, réunis par agglomération, seront établis sur une concession vaste, afin d'y former un village favorisé d'un beau territoire.

Ces colonisations par agglomération seront placées de distance en distance, pour former des groupes, des chaînes de villages, liés ensemble par les routes que construira l'armée; de telle manière que, pendant que les citoyens construiront les villages, les soldats de l'armée travailleront aux voies de communication. Ce moyen procurera la plus grande sécurité.

Ces agglomérations d'ouvriers pour former des villages permettront aux propriétaires de France ou d'ailleurs de prendre des concessions isolées pour y créer de belles fermes ; et cela, dans l'espoir de trouver dans le voisinage un personnel suffisant à l'exécution rapide du défrichement de toute la ferme, à la construction des bâtiments nécessaires à l'exploitation ; moyen d'y placer promptement un fermier ou de s'y établir soi-même.

Dans chaque colonisation, pour former un village, il sera cédé un vaste terrain destiné à la création d'une ferme-modèle. Là, on ne s'amuserait pas à faire des essais ruineux, mais on songerait à y obtenir tout ce qui est cultivable avec avantage en Algérie ; là, on pourrait venir prendre conseil et acheter les semences nécessaires.

Cette ferme serait cédée à titre gratuit à un ou à plusieurs propriétaires, ou bien encore à une société en commandite, à la charge de la mettre de suite en exploitation ; premiers travaux que les ouvriers exécuteraient à leur arrivée.

Parvenus à leur destination, ces ouvriers se construiraient des baraques en planches pour loger le personnel et les vivres, en attendant la construction de solides bâtiments.

Les premiers travaux à exécuter en Algérie sont ceux qui doivent nourrir les colons et l'armée :

Défrichements pour les jardins, afin d'avoir de suite des légumes, puits et pompe au milieu ; pompe qui fonctionnera sans le secours de l'homme par un moteur d'une invention nouvelle bien avantageuse, indiquée dans mon ouvrage sur l'agriculture ;

Défrichements de la terre pour blé, orge et pommes de terre ;

Défrichements pour prairies naturelles et artificielles.

Ce qu'il faut d'abord, c'est de l'eau, du pain et de la viande ; le reste viendra ensuite.

Les objets de subsistance obtenus, il faut s'occuper des objets de commerce ; on pourra se faire un beau revenu au moyen des chevaux, des moutons, et ensuite des vaches, non-seulement pour la chair, mais encore pour les cuirs ; c'est pour cela que je recommande force prairies naturelles et artificielles.

Viennent ensuite les oliviers, mûriers, fruits à confire et autres produits qui doivent alimenter le commerce et préparer la prospérité de l'Algérie. On cultivera surtout ce qui croît facilement en ce pays, ce que nous ne pouvons obtenir en France ou ce qui n'y vient pas en assez grande quantité : autant que possible, il faut éviter d'être tributaire des autres nations.

Mais, pour arriver à un résultat sérieux et fécond, il faut agir d'après un plan général qui regarde le présent et l'avenir. Qu'on n'ait plus rien à recommencer soit en administration, soit en travaux. Nous avons pour exemple la France, et c'est un bien beau modèle. Pourtant, tout y a été créé sans prévoyance de l'avenir; de là, grande imperfection partout : ce que nous pouvons éviter en Algérie.

Si les premiers habitants de Paris, par exemple, eussent prévu, en arrivant, la future grandeur de cette ville, ils eussent dressé un plan général : belle distribution d'eau, rues larges, vastes plans; pour le palais du souverain, pour les édifices publics, ils eussent réservé de larges terrains, et, aujourd'hui, on ne serait pas forcé d'acheter le sol à tant le centimètre, comme, par exemple, pour l'acquisition de la place du Carrousel.

Au lieu de créer des provinces, telles qu'elles

existaient naguéres encore en France, provinces
ayant chacune sa loi, sa coutume, d'où mille difficultés, mille procès, on eût établi de suite une loi
générale pour toute la France, une division en
départements, arrondissements, cantons et communes, sans attendre pour cela une révolution.
Par ce moyen, on aurait toujours vu clair, parce
qu'on aurait marché dans la lumière. On le sait,
depuis longtemps en France, on éprouvait un malaise général par ce chaos qui existait; personne
n'eût pu prendre sur soi de créer l'ordre et l'administration d'aujourd'hui; en effet, ce n'était pas un
petit travail. A la fin, ce besoin de l'ordre se faisant
sentir toujours plus vivement, une commotion fut
nécessaire; et c'est à notre révolution de 1789,
qui a enfanté tant de prodiges, qu'il était réservé
d'opérer en peu de temps ce que des siècles n'avaient pu donner.

Cet ordre existe enfin aujourd'hui en France :
l'Algérie est dans son premier état, tout est à créer.
Dès l'abord, il faut bien faire, suivre le plus beau
et le meilleur modèle, tâchant d'éviter les fautes
inévitables du reste qu'a commises la métropole.

Créez une administration générale comme si l'Algérie était entièrement peuplée, ainsi que l'est la
France. Les blancs laissés sur le plan n'empêche-

ront pas les parties habitées de marcher. Seulement, quand on voudra bâtir sur ces blancs, on n'aura plus besoin de démolir : grande différence, car rien n'est tel que de construire sur un terrain ras. Je parle ici aussi bien de l'administration que du sol. Ignorons-nous que l'Algérie sera quelque jour aussi peuplée que la France, et que partout alors il lui faudra une administration ? Divisons donc de suite le territoire par ressorts ; il n'en coûtera pas plus, et le classement du pays sera fait pour toujours.

Ce qui est inconcevable, c'est la manie de persister à agir en Algérie pour l'administration comme on a commencé.

Qui est le vainqueur, l'Arabe ou le Français ? Celui-ci probablement. Qui doit subir la loi du vainqueur ? L'Arabe incontestablement. Est-ce à l'Arabe à devenir Français ou au Français à devenir Arabe ? A voir ce qui se fait journellement en Algérie, il semble que le problème soit encore à résoudre.

Pourquoi ces bureaux arabes ? Ces chefs arabes ? Veut-on croiser l'administration arabe et l'administration française pour obtenir quelque sujet bâtard, comme on fait pour la race chevaline ?

Mais, pour ce croisement, il faut supposer quelque chose de bon dans l'administration arabe; il est sage en effet de prendre le mieux partout où il se trouve. Mais où est ce mieux chez les Arabes? Est-ce le mot arabe qui sonnerait bien à l'oreille? Est-ce le costume turc qui flatterait davantage? Je cherche en vain depuis deux ans à trouver ce qui plaît tant au gouvernement qui régit l'Algérie dans ces bureaux arabes. Ou ces bureaux sont meilleurs que les bureaux français, ou ils ne le sont pas. En tout cas, ce sont les meilleurs qu'il faut choisir. Est-ce aux Français à civiliser les Arabes, ou aux Arabes à civiliser les Français? Mais les Français sont plus avancés que les Arabes en civilisation; c'est donc à eux à donner la loi et les règlements.

Si cette loi doit être dictée par les Français, si elle doit être uniforme dans toute l'Algérie, à quoi bon des bureaux arabes? La loi de France ne doit souffrir d'exception en aucun point de l'Algérie. L'uniformité est une règle d'ailleurs à suivre toujours et en tout cas; sans cette uniformité, que ferait avec toute son armée M. le maréchal Bugeaud? Que ferait-il, si, à des signes conventionnels, tous ses soldats ne devaient pas s'ébranler comme un seul homme. Pourquoi l'armée marche-t-elle à la volonté du maréchal? Parce qu'il suit le code, le règlement militaire établi en France. Pourquoi l'administration civile ne marche-t-elle pas? Pourquoi la colonisation va-t-elle en rétrogradant? Parce qu'on ne suit pas les lois de la métropole, lois que l'on comprend et auxquelles on est habitué de se soumettre; parce que les lois d'exception de l'Algérie sont bâtardes; parce que, rien ne s'accouplant dans l'ordre naturel, tout doit naître monstre ou se produire mort-né. Greffez la cerise sur le chêne, croisez la chèvre avec le loup, que croyez-vous en obtenir ?

Prendre les lois des Arabes pour se régir, c'est prendre un ours pour apprivoiser un homme. Chez les Français c'est le sentiment, c'est l'honneur qui parle le plus haut et qui fait avancer; ce qui parle chez l'Arabe, c'est le yatagan et le cordon traditionnel. Nous avons à choisir : ici, la civilisation; là, la force brutale; chez les Français, on veut abolir la peine de mort, on cherche à adoucir les moyens de correction; prendrons-nous la loi arabe qui met à l'ordre du jour les principes justement opposés? Du reste, on a le choix.

En général, en Algérie, on n'est pas même conséquent avec soi-même. On veut être maître, et l'on partage le pouvoir; on veut pousser la philanthropie jusqu'au point où la philanthropie devient impossible.

Dans la Kabylie, on donne à une tribu un versant-nord, à une autre tribu le versant-sud ; on les laisse libres d'agir à leur manière, sauf à payer un tribut à la France. Avec ce régime, on veut être leur maître ; est-ce possible ?

On veut imiter les Romains et leur grandeur, et l'on fait le contraire de ce qu'ils ont fait ! Ils étaient maîtres absolus, ils s'imposaient à eux-mêmes la loi de la métropole, et les peuples conquis ne pouvaient arriver à exercer un droit qui approchait de loin de celui de citoyens romains qu'en suivant strictement les lois que les vainqueurs leur faisaient connaître. La moindre contravention à ces lois était impitoyablement punie par la perte de tout droit, on devenait esclave. Nos prétendus imitateurs des Romains font tout le contraire ; après avoir dix fois vaincu, ils traitent encore avec l'ennemi abattu d'égal à égal. Le vaincu doute alors de sa position réelle, il ne sait plus s'il est vaincu ou vainqueur ; peu lui importe alors de revenir tous les jours à de nouvelles révoltes. A la première occasion, il se soulève encore.

Le peuple français est bien plus généreux que le peuple romain ; il offre aux indigènes la jouissance des avantages qu'il a lui-même, pourvu toutefois qu'ils se soumettent aux exigences, à la sévérité des lois que lui-même respecte. Mais, si l'on veut toucher le but qu'on se propose, que l'on agisse donc conséquemment à ce principe.

A quoi peuvent aboutir ces façons de guerroyer, ces razzias? Elles sont immorales; elles ne mènent à rien, si ce n'est à se souiller de sang, à atteindre la misère, à gagner le titre de despote aux yeux des vaincus comme à ceux de toutes les honnêtes gens.

Pour faire l'histoire de la conquête de l'Algérie, après le récit de la prise d'Alger, de Constantine, celui de la bataille d'Isly, où pourront paraître avec éclat le génie et la valeur des Français? que restera-t-il à raconter, sinon d'éternelles courses, d'éternelles razzias, d'éternelles dévastations? Cette guerre ne semble plus qu'une comédie, une triste comédie, où se passe en grand ce qui se représente à Paris en petit au Cirque National. Nos braves mourant de fatigue et de misère.

Mais si, depuis 1830, chaque fois qu'on a vaincu une tribu, on l'eût complétement désarmée, si l'on eût exigé l'exhibition des armes cachées sous les peines les plus sévères, avec quoi cette tribu aurait-elle recommencé la guerre? Les éternels fournisseurs d'armes se seraient bientôt lassés; les fabriques n'y eussent pu suffire.

Enfin, où veut-on arriver? A coloniser l'Algérie. Le but est grand; mais, pour l'atteindre, il faut se modeler sur la métropole; les mêmes lois, les mêmes usages, les mêmes règlements amèneront le même résultat, l'ordre, et, à la suite, la prospérité, le bien-être.

Pour parvenir à bien organiser, à bien coloniser, on doit être maître absolu, non de droit seulement, mais aussi de fait; et, pour cela, il faut un désarmement complet de tous les indigènes, amis, ennemis, douteux, n'exceptant que ceux qu'on emploie dans l'armée, qui ont fait preuve de soumission, qui se sont assimilés aux Français; un recensement général de la population et des propriétés, au moyen d'une formalité sans exception à remplir de suite; une division territoriale pour le classement des autorités; enfin, la disposition des propriétés avec prévision de l'avenir.

Je l'ai dit, le Français est généreux. Il veut agir envers les indigènes comme il ferait pour lui-même: il lui pardonnera ses nombreux soulèvements, il oubliera le passé. Mais, tout en laissant aux indigènes des propriétés, on doit les caser de telle sorte que tout soulèvement à l'avenir ne puisse être fait impunément. Leur laisser, comme on semble le vouloir, la Kabylie tout entière et d'autres parties, c'est faire l'acte le plus impolitique.

Parmi les centres de populations indigènes, on doit, de distance en distance, se réserver des terrains propres à y établir des villages d'Européens, quand cela sera possible. Je dis *quand cela sera possible*, non que la crainte des Kabyles pourrait en empêcher l'établissement, mais parce que, dans le commencement, la population manquera ; car il est convenu qu'on ne colonisera d'abord qu'à partir du littoral, en entrant du nord au sud, et en s'étendant de l'est à l'ouest. Quand une partie de la Kabylie arrivera à son tour dans la ligne à coloniser, on y établira les colons sans s'inquiéter des habitants indigènes, auxquels, du reste, on pourrait louer ces terrains en attendant la population européenne qui doit les occuper.

Pour cela, on fera connaître aux indigènes la ferme volonté du Gouvernement, sa décision de prise de possession immédiate, avec son intention de leur laisser des propriétés suffisantes, tout en entrecoupant leurs centres de population par des centres de population française.

A chaque population, on assignera son terrain ; aux anciens chefs de grande famille, on donnera ce que le Gouvernement aura jugé convenable, sans aucun droit sur autre chose que sur leur propriété ; à moins qu'on ne leur offre la faveur de devenir citoyens français, et par là de pouvoir, aux conditions imposées de capacité et de moralité, arriver aux emplois, aux grades, aux honneurs.

Un certain nombre sans doute s'en montrera mécontent; mais n'importe. Aurait-on provisoirement pris quelque mesure conforme aux habitudes des indigènes, on doit la supprimer irrévocablement; désormais, c'est le Gouvernement, c'est le pouvoir qui prononce définitivement.

Les indigènes doivent sans exception, se soumettre aux lois françaises, si ce n'est en ce qui concerne le culte et les mariages, en tant qu'ils n'auront rien de contraire, comme je l'ai dit, aux intérêts généraux. Leur culte, comme les autres cultes, rencontrera liberté et protection.

Craindre de ne pouvoir arriver à ce résultat, ce serait une impardonnable pusillanimité, qui nous ferait perdre de notre prestige aux yeux des Arabes, qui ferait douter de notre force, de notre valeur. Ce que, jusqu'à présent, nous avons entrepris en fait de colonisation, leur donne des doutes sur notre intelligence : il est temps de faire ce qu'on n'a pas fait encore; il est temps d'y mettre cet ensemble qui nous procure le résultat que nous devrions avoir déjà, qu'il est opportun d'obtenir aujourd'hui.

Je ne dois pas terminer ceci sans dire un mot des divisions qui partagent le camp militaire et le camp civil. Ces divisions existent, et, en les attribuant toutes à M. le maréchal Bugeaud, on commet, je crois, une injustice.

Le malaise de l'Algérie n'est pas dû à M. le maréchal, malgré son antipathie pour les institutions civiles. L'origine du mal remonte à l'époque de la prise de possession. Tout d'abord, les premiers gouverneurs auraient dû se conformer à la législature et aux habitudes françaises : c'est ce qu'ils ont totalement négligé. On a agi comme si l'on n'eût pas dû conserver la possession africaine, ou comme si on n'eût voulu la garder que comme poste maritime et militaire : on a voulu jouir bien vite pendant qu'on possédait encore, tout en *conservant* l'espoir de la *conservation*. On s'est montré peu scrupuleux dans l'observation des règles ordinaires, on s'est lancé dans un véritable chaos. Les plus hardis, les plus aventureux ont commencé, ne regardant pas aux moyens, pourvu qu'ils parvinssent à gagner de l'argent. Plus tard, témoins de la réussite de ceux-ci, d'autres aussi avides sont arrivés : il y a eu concurrence. On s'adressait aux gouverneurs, qui, voyant l'extension que prenaient les tentatives, les favorisaient sans contrôle. Ne voyant que du bien à ce progrès, ils ne voulaient pas ralentir cet élan par un contrôle qui eût pu gêner : voilà le mal; il n'eût pas plus coûté de commencer avec ordre.

Ainsi, quand M. le maréchal Bugeaud est arrivé à la tête des affaires de l'Algérie, le mal était commencé déjà. Voyant donc l'insubordination dans le civil, il l'a pris en grippe; il s'est formé une idée fixe, il s'est dit : « A cet état de colon civil, est attaché nécessairement le vice d'insubordination. » Il n'a pas cherché la cause de cette insubordination, et, comme il arrive à toute haine systématique, il a donné dans l'erreur. En France, le même esprit insubordonné existe, si l'on peut donner ce nom à l'habitude de jouir de son entière liberté, sans être soumis à d'autres règles que celles qu'ont établies les lois fondamentales de l'État.

Si M. le maréchal avait cherché ces causes, il les eût trouvées, et aurait agi en conséquence; il aurait demandé une mesure législative qui parât à cet inconvénient attaché à la nature humaine, de vouloir jouir trop librement de l'objet de ses caprices. Il doit y avoir, dans le civil comme dans le militaire, des règles, mais des règles qui ne proscrivent pas pourtant une certaine tolérance : autrement, on serait esclave. Dans le militaire, les prescriptions doivent être plus précises, parce que tout doit être déterminé et fait à heure fixe; on n'y peut admettre d'autre tolérance que celle qui est absolument indispensable.

Petit à petit, on s'habitue à cette observation de l'exactitude; elle devient moins pénible, parce qu'elle est jugée indispensable et exigible pour le général comme pour le soldat. Qu'un soldat ayant quatre ans de service, voie organiser une garde nationale, qu'il remarque le peu d'ordre qui règne d'abord, tout le monde voulant commander, parce que le service passé, tous redeviennent égaux, il en rira de pitié. Mais qu'il laisse cette garde nationale s'habituer peu à peu aux règles d'exactitude, ce même soldat, la voyant un mois après, s'étonnera de trouver qu'elle marche mieux déjà; il en conclut que c'est par la discipline qu'on acquiert l'ordre, et que, sans ordre, on ne peut arriver à rien. Cela n'empêche pas que le soldat, aussi bien que le général, tout en reconnaissant l'indispensable nécessité de l'exactitude, est ravi, à l'époque de son congé, de sa retraite, de rentrer dans ses pénates et d'échapper à cette exactitude.

M. le maréchal s'en prenait donc au civil, parce qu'il attribuait au mauvais vouloir ce manque de précision, qui est un vice inhérent à la nature humaine. Qu'il relâche une année seulement la dis-

cipline militaire dans son armée, il verra bientôt
ses soldats, le corps d'officiers, revenir à leur nature, reprendre l'esprit de liberté et de tolérance
civile.

D'un autre côté, M. le maréchal, en arrivant en
Algérie, a dû vivement s'affliger de voir de nombreux Européens aborder en ce pays pour y faire
des affaires, avec une envie démesurée de s'enrichir
au plus vite, à tout prix, sans égard pour les senti-
ments d'honneur et de probité; il a dû être con-
tristé en voyant des hommes, possédant de grandes
richesses, venir en Algérie sous le dehors pompeux
de faire avancer la colonisation par leurs capitaux,
en y attirant des ouvriers d'Europe, et réellement
ne songer qu'à leurs intérêts propres, ne rien faire
pour assurer le bien-être des ouvriers qu'ils avaient
appelés, ne les considérer que comme des hommes
de peine, ne différant des esclaves que par la liberté qu'ils conservaient de se retirer s'ils le voulaient, mais aussi pauvres qu'auparavant. Témoin
de semblables immoralités, M. le maréchal a com-
pris qu'un semblable état de choses ne pouvait mener à rien, que tôt ou tard cet échafaudage devait
s'écrouler. Comment supposer en effet que de grands
propriétaires, n'ayant avec eux que des domesti-
ques, pourront repousser un coup de main? A peine
le domestique fera-t-il une démonstration, et il se

retirera ; il n'a que ses gages à perdre, il tient bien plus à sa vie. S'imaginera-t-on que l'armée dût fournir à chaque concession un poste militaire ; mais quelle armée alors va-t-il donc falloir ?

De grands capitalistes se figurent qu'en établissant de grandes fermes, en y plaçant de nombreuses familles pour les exploiter, en assurant à ces familles un bénéfice proportionnel aux revenus des fermes, ils obtiendront de meilleurs résultats, et attireront de nombreux colons, parce que, d'après eux, il y aura là sécurité et bénéfice.

Je réponds à cela que la sécurité ne sera pas grande, et que le bénéfice promis aux ouvriers ne les tentera pas de venir.

Qu'Abd-el-Kader se présente avec 500 hommes devant une ferme où il y aura 500 ouvriers attachés à l'exploitation ; qu'il essaye une attaque, puis, qu'il se présente devant un village où sont établis 300 colons avec leur famille, possédant chacun un ou deux hectares de terre. J'ose avancer que ces 300 hommes feront repentir Abd-el-Kader de s'être approché du village et lui feront perdre l'envie d'y revenir de longtemps. Qu'il vienne souvent, au contraire, s'en prendre à la ferme qui a 200 hommes de plus que le village, il finira par la faire déserter, par en faire sortir les familles, qui tomberont par ce fait dans la misère.

Les 300 colons du village se battront comme des tigres, *pro aris et focis;* les 500 de la ferme se battront comme on travaille quand on est *à la journée :* [cela tient à la différence de leurs positions.

Mais si des capitalistes se réunissaient pour obtenir une grande concession; s'ils y créaient une vaste ferme-modèle, un petit village; s'ils y réunissaient 300 bons ouvriers de métier et défricheurs, à la tête desquels ils établiraient un personnel intelligent pour la direction des travaux, pour le maintien de l'ordre; s'ils y armaient une garde nationale; s'ils mettaient tous les colons en position de gagner assez pour se bâtir un logis et prendre à leur tour une petite concession, conservant une partie pour eux, vendant l'autre aux colons à un prix fixé d'avance pour que ceux-ci n'eussent pas à payer le terrain trop cher, certes, ils auraient là 300 ouvriers bien laborieux, qui feraient beaucoup d'ouvrage à la fois, qui pourraient au besoin se défendre, parce que c'est en ce lieu qu'ils auraient établi leurs nouveaux pénates. Ainsi, ces capitalistes auraient, s'ils le voulaient, une, deux ou trois belles fermes, créées par ces ouvriers à la tête desquels ils mettraient des fermiers; ils réserveraient la plus

grande partie de la concession pour être cédée, portion par portion, aux ouvriers qui bâtiraient ainsi
petit à petit le village. Par une semblable création,
les capitalistes auraient d'abord fait eux-mêmes de
bonnes affaires, et ils auraient de plus donné aux
ouvriers les moyens de se procurer un bien-être,
de jouir en liberté de leur propriété comme en a le
droit tout citoyen français. En agissant de la sorte,
ils auraient songé aux autres, tout en pensant à eux :
le sentiment de l'honnête homme aurait dominé
dans cette œuvre, dont la conséquence serait un
bienfait.

Eh bien ! je n'ai pas l'honneur de connaître M. le
maréchal, pas plus que les colons qui s'en plaignent,
mais j'ose leur dire à tous avec pleine franchise,
qu'un établissement créé dans cet esprit, aurait ren-
contré toutes les sympathies du gouverneur ; que,
tout le premier, il serait venu lui offrir la proctec-
tion de son armée ; qu'il eût consenti à établir de
cet établissement des voies de communication pour
arriver aux villes voisines, des routes en tout sens ;
car, par là, la colonie offrait des chances de sécurité. Oui, M. le maréchal eût offert son appui sans
qu'on le lui demandât.

Cette opinion que j'ai des intentions de M. le gouverneur général, est basée sur ce que j'ai lu dans

les plaintes mêmes des habitants de l'Algérie, aussi bien que dans ses propres explications : j'en conclus qu'il y a des torts de part et d'autre.

Si M. le maréchal persiste dans l'application de son système militaire, c'est que la colonisation civile ne fait aucun progrès. Peut-être que, si le civil avait su cultiver en Algérie de telle sorte qu'il se fût nourri lui et l'armée, le maréchal n'eût pas été contraint de faire lui-même de l'agriculture pour alimenter ses soldats.

Oui, cette opinion qui est la mienne, s'est formée dans la lecture des différentes brochures de M. le maréchal, des généraux, des officiers de l'armée, des colons, des propriétaires établis en Algérie ; car, Dieu merci, ces brochures ne manquent pas, et l'on peut dire qu'il y en a pour tous les goûts.

Un fait remarquable et qui me surprend, c'est que l'on est généralement d'accord que les Européens ne peuvent lutter avec les Arabes pour la vente du blé, bien que l'on s'accorde aussi à déclarer que les Arabes cultivent mal. La conclusion toute naturelle que j'en dois tirer, c'est que, si les Arabes cultivent mal, les cultivateurs européens cultivent plus mal encore, puisqu'ils ne peuvent arriver à faire concurrence aux Arabes.

Trois ou quatre conversations que j'ai eues avec des propriétaires cultivateurs en Algérie, hommes distingués du reste, conversations dans lesquelles ils s'efforçaient de démontrer que l'agriculture en Afrique ne pouvait se faire comme en France, m'ont convaincu qu'ils n'étaient pas plus agriculteurs en France qu'en Algérie, parce que tous ils pêchaient par la base fondamentale. Il n'est donc plus surprenant que, comme agriculteur, M. le maréchal leur montre les dents. J'ai l'intime persuasion qu'un bon et vrai cultivateur d'Europe qui s'en irait naïvement cultiver en Algérie, obtiendrait sans effort vingt pour un, tandis que les Arabes récoltent à peine huit pour un. Cela prouve que le colon européen en Algérie ne sait pas plus cultiver ailleurs que là, s'ils ne peut pas obtenir au moins ce dernier chiffre auquel arrivent les Arabes, chiffre du reste d'une bien médiocre récolte en France chez un véritable agriculteur.

D'après ce que je sais, de ce que j'ai lu et entendu, je tire en résumé cette conséquence qu'on a mal commencé en Algérie la colonisation, qu'on l'a mal continuée, qu'enfin tout y est encore à faire comme au mois de juillet 1830.

Nous sommes maîtres en Algérie : voilà tout. Mais, si nous voulons tirer parti du sol, nous devons montrer aux indigènes que nous sommes réellement les maîtres, par des actes de propriétaires intelligents. C'est, pour commencer, de l'énergie, du caractère, de l'aplomb qu'il faut montrer; mais de plus, il faut persévérer dans cette conduite.

Une administration générale pour le civil doit y être établie, avec un personnel capable, surveillé de près, comme on tient la main à la discipline militaire. Ce sont des colons honnêtes gens et laborieux qu'il faut y attirer, par un nouvel ordre de choses qui garantisse la sécurité. Cette sécurité ne pourra être garantie que par l'armée, mais par l'armée occupée à des travaux d'utilité publique aux environs des centres de colonisation, non pas à la chasse des Arabes, non pas à des razzias qui les font ressembler eux-mêmes à des Arabes.

Partout où le drapeau national est planté, l'on doit se ressentir de la domination française; on doit distinguer le bon ordre, l'énergie, la sévérité au besoin, la justice, la substitution des lois, des habitudes, des dénominations françaises à tout ce qui est arabe, sans faire grâce sur un seul point. Pourquoi se casser la tête, se déchirer la bouche à prononcer des noms barbares; rien n'est plus aisé que de changer ces appellations difficiles en mettant les anciennes en regard des nouvelles.

Hâtons-nous de coloniser l'Algérie, pour avoir bientôt un heureux moyen d'occuper notre belle jeunesse de France dans toutes les parties de l'administration, dans les arts, dans le commerce et l'industrie; cette jeunesse, à qui l'encombrement semble fermer toutes les carrières. Nous avons certes une grande tâche à remplir, mais c'est une tâche aussi noble que difficile que de civiliser des barbares; c'est une tâche qui était dévolue de droit à la nation la plus douce comme la plus éclairée du monde : qui sait si la sévérité de l'Arabe confondue avec la légèreté qu'on reproche aux Français ne produira pas le plus gracieux et le plus digne des caractères?

Notre armée, en se consacrant à des travaux d'utilité publique (j'entends de solides travaux, qui puissent vivre aussi leurs 40 siècles : nous ne le cédons ni aux Egyptiens ni aux Romains, et, en mettant à contribution le génie français, nous pouvons réussir aussi bien qu'eux), notre armée, dis-je, acquérera une gloire plus durable qu'à courir des razzias; et quand, après plusieurs siècles, il visitera l'Algérie, quand il verra de beaux, de riches, de vastes ports de Tunis à Maroc; quand il apercevra partout des casernes, des hôpitaux, de nobles édifices, des routes, des moyens de communication de tout genre, les domaines de l'État, de vastes pro-

priétés sorties de marais desséchés, partout l'appa-
rence de la civilisation et du bien-être ; quand il
comparera les Arabes qui seront sous ses yeux aux
Arabes de notre temps, si le voyageur vient à de-
mander le créateur de tant de merveilles : c'est le
Français, lui répondra-t-on ; et nous en tressaille-
rons de joie et d'orgueil dans nos tombeaux.

Napoléon en Égypte disait à ses soldats en leur mon-
trant les pyramides : « Du haut de ces monuments,
quarante siècles vous contemplent ! » Ces monuments ne sont cependant que des amas de pierre,
sans utilité, accumulés dans le seul but de flatter
l'orgueil du souverain qu'on y devait enfermer après
sa mort. Notre gloire sera bien plus pure, bien plus
méritée, quand on dira à la vue de nos grands
travaux d'utilité publique : « **La nation qui a élevé
ces édifices était une grande nation**; l'armée qui a
coopéré à cette œuvre a songé au bonheur du genre
humain; imitons-la ! » Et à qui en reviendrait l'honneur ? Au règne de Louis-Philippe Ier, roi des Français.